සිරි ගෞතම
බෝධි වන්දනාව

පූජ්‍ය කිරිබත්ගොඩ ඤාණානන්ද ස්වාමීන් වහන්සේ

සිරි ගෞතම බෝධි වන්දනාව

පූජ්‍ය කිරිබත්ගොඩ ඤාණානන්ද ස්වාමීන් වහන්සේ

© සියලුම හිමිකම් ඇවිරිණි.

ISBN : 978-955-0614-93-6

ප්‍රථම මුද්‍රණය : ශ්‍රී බු.ව. 2555 ක් වූ දුරුතු මස පුන් පොහෝ දින
දෙවන මුද්‍රණය : ශ්‍රී බු.ව. 2555 ක් වූ නවම් මස පුන් පොහෝ දින
තෙවන මුද්‍රණය : ශ්‍රී බු.ව. 2556 ක් වූ වෙසක් මස පුන් පොහෝ දින
සිව්වන මුද්‍රණය : ශ්‍රී බු.ව. 2556 ක් වූ නිකිණි මස පුන් පොහෝ දින
පස්වන මුද්‍රණය : ශ්‍රී බු.ව. 2556 ක් වූ වප් මස පුන් පොහෝ දින
හයවන මුද්‍රණය : ශ්‍රී බු.ව. 2556 ක් වූ බක් මස පුන් පොහෝ දින

- පරිගණක අකුරු සැකසුම, පිටකවර නිර්මාණය සහ ප්‍රකාශනය -

මහාමේඝ ප්‍රකාශකයෝ
වඩුවාව, යටිගල්ඔළුව, පොල්ගහවෙල.
දුර : 037 2053300, 0773216685
mahameghapublishers@gmail.com | www.mahameghapublishers.com

- මුද්‍රණය -

ලීඩ්ස් ග්‍රැෆික්ස් (පුද්.) සමාගම,
අංක 356 E, පන්නිපිටිය පාර, තලවතුගොඩ.

තෙරුවන් වන්දනාව

නමෝ තස්ස භගවතෝ අරහතෝ සම්මා සම්බුද්ධස්ස!!!
නමෝ තස්ස භගවතෝ අරහතෝ සම්මා සම්බුද්ධස්ස!!!
නමෝ තස්ස භගවතෝ අරහතෝ සම්මා සම්බුද්ධස්ස!!!

බුද්ධං සරණං ගච්ඡාමි
ධම්මං සරණං ගච්ඡාමි
සංඝං සරණං ගච්ඡාමි

දුතියම්පි බුද්ධං සරණං ගච්ඡාමි
දුතියම්පි ධම්මං සරණං ගච්ඡාමි
දුතියම්පි සංඝං සරණං ගච්ඡාමි

තතියම්පි බුද්ධං සරණං ගච්ඡාමි
තතියම්පි ධම්මං සරණං ගච්ඡාමි
තතියම්පි සංඝං සරණං ගච්ඡාමි

සාදු! සාදු!! සාදු!!!

● **අපි අවබෝධයෙන්ම පන්සිල් සමාදන් වෙමු:-**

පාණාතිපාතා වේරමණී සික්ඛාපදං සමාදියාමි.
(මම) සතුන් මැරීමෙන් වැළකීම නම් වූ සිල් පදය සමාදන් වෙමි.

අදින්නාදානා වේරමණී සික්ඛාපදං සමාදියාමි.
(මම) සොරකමින් වැළකීම නම් වූ සිල් පදය සමාදන් වෙමි.

කාමේසු මිච්ඡාචාරා වේරමණී සික්ඛාපදං සමාදියාමි.
(මම) වැරදි කාම සේවනයෙන් වැළකීම නම් වූ සිල් පදය සමාදන් වෙමි.

මුසාවාදා වේරමණී සික්ඛාපදං සමාදියාමි.
(මම) බොරු කීමෙන් වැළකීම නම් වූ සිල් පදය සමාදන් වෙමි.

සුරාමේරය මජ්ජපමාදට්ඨානා වේරමණී සික්ඛාපදං සමාදියාමි.
(මම) මත්පැන් හා මත්ද්‍රව්‍ය භාවිතයෙන් වැළකීම නම් වූ සිල් පදය සමාදන් වෙමි.

උතුම් තිසරණ සහිත වූ, මා සමාදන් වූ මේ සීලය, මේ ජීවිතයේ යහපත පිණිස ද, පරලොව සුගතිය පිණිස ද, සංසාර දුකින් නිදහස් වීම පිණිස ද, හේතු වේවා!.......වාසනා වේවා!......

සාදු! සාදු!! සාදු!!!

- **අපි උතුම් බුද්ධ රත්නයත්, ශ්‍රී සද්ධර්ම රත්නයත්, ආර්ය මහා සංඝරත්නයත් වන්දනා කරමු :-**

ඉතිපි සෝ භගවා අරහං සම්මා සම්බුද්ධෝ විජ්ජාචරණසම්පන්නෝ සුගතෝ ලෝකවිදූ අනුත්තරෝ පුරිසදම්මසාරථී සත්ථා දේවමනුස්සානං බුද්ධෝ භගවා'ති.

මෙසේ ඒ භාග්‍යවතුන් වහන්සේ අරහං වන සේක. සම්මා සම්බුද්ධ වන සේක. විජ්ජාචරණ සම්පන්න වන සේක. සුගත වන සේක. ලෝකවිදූ වන සේක. අනුත්තරෝ

පුරිසදම්මසාරථී වන සේක. සත්ථා දේවමනුස්සානං වන සේක. බුද්ධ වන සේක. භගවා වන සේක.

ස්වාක්ඛාතෝ භගවතා ධම්මෝ සන්දිට්ඨිකෝ අකාලිකෝ ඒහිපස්සිකෝ ඕපනයිකෝ පච්චත්තං වේදිතබ්බෝ විඤ්ඤූහී'ති.

භාග්‍යවතුන් වහන්සේ විසින් මේ ශ්‍රී සද්ධර්මය මැනැවින් දේශනා කරන ලද්දේය. මේ ජීවිතයේදීම අවබෝධ කළ හැකි බැවින් මේ ශ්‍රී සද්ධර්මය සන්දිට්ඨික වන්නේය. ඕනෑම කාලයකදී අවබෝධ කළ හැකි බැවින් අකාලික වන්නේය. ඇවිත් බලන්න යැයි කිව හැකි බැවින් ඒහිපස්සික වන්නේය. තමා තුළට පමුණුවා ගත යුතු බැවින් ඕපනයික වන්නේය. බුද්ධිමත් මිනිසුන් විසින් තම තම නැණ පමණින් අවබෝධ කර ගත යුතු බැවින් පච්චත්තං වේදිතබ්බෝ විඤ්ඤූහි වන්නේය.

සුපටිපන්නෝ භගවතෝ සාවකසංඝෝ. උජුපටිපන්නෝ භගවතෝ සාවකසංඝෝ. ඤායපටිපන්නෝ භගවතෝ සාවකසංඝෝ. සාමීචිපටිපන්නෝ භගවතෝ සාවකසංඝෝ. යදිදං චත්තාරි පුරිසයුගානි අට්ඨපුරිසපුග්ගලා ඒස භගවතෝ සාවකසංඝෝ. ආහුනෙය්‍යෝ පාහුනෙය්‍යෝ දක්ඛිණෙය්‍යෝ අඤ්ජලිකරණීයෝ අනුත්තරං පුඤ්ඤක්ඛෙත්තං ලෝකස්සා'ති.

භාග්‍යවතුන් වහන්සේගේ ශ්‍රාවක සංඝයා සුපටිපන්න වන සේක. භාග්‍යවතුන් වහන්සේ ගේ ශ්‍රාවක සංඝයා උජුපටිපන්න වන සේක. භාග්‍යවතුන් වහන්සේගේ ශ්‍රාවක සංඝයා ඤායපටිපන්න වන සේක. භාග්‍යවතුන් වහන්සේගේ ශ්‍රාවක සංඝයා සාමීචිපටිපන්න වන සේක. භාග්‍යවතුන් වහන්සේගේ ශ්‍රාවක සංඝයා මාර්ගඵල

යුගල වශයෙන් හතරක් ද වන අතර මාර්ගඵල පුද්ගල වශයෙන් අට දෙනෙක් වන සේක. ආහුනෙය්‍ය වන සේක. පාහුනෙය්‍ය වන සේක. දක්ඛිණෙය්‍ය වන සේක. අංජලිකරණීය වන සේක. ලොවට උතුම් පින් කෙත වන සේක.

සාදු! සාදු!! සාදු!!!

- **කල්ප සියයක් ඇතුළත පහළ වී වදාළ විපස්සී, සිඛී, වෙස්සභූ, කකුසඳ, කෝණාගමණ, කාශ්‍යප, ගෞතම යන ඒ භාග්‍යවත් අරහත් සම්මා සම්බුදුරජාණන් වහන්සේලා සත්දෙනා වහන්සේ වන්දනා කරමු :-**

විපස්සිස්ස නමත්ථු - චක්ඛුමන්තස්ස සිරීමතෝ
සිඛිස්ස'පි නමත්ථු - සබ්බභූතානුකම්පිනෝ

සදහම් ඇස් ඇති - සොඳුරු සිරිය ඇති
විපස්සී බුදුරජාණන් හට - නමස්කාර වේවා
සියළු සතුන් හට - අනුකම්පා ඇති
සිඛී බුදුරජාණන් හට - නමස්කාර වේවා

වෙස්සභුස්ස නමත්ථු - නහාතකස්ස තපස්සිනෝ
නමත්ථු කකුසන්ධස්ස - මාරසේනාපමද්දිනෝ

සියළු කෙලෙස් නැති - වෙර වීරිය ඇති
වෙස්සභූ බුදුරජාණන් හට - නමස්කාර වේවා
දස මර සේනා - ඔද තෙද බිඳ හළ
කකුසඳ බුදුරජාණන් හට - නමස්කාර වේවා

කෝණාගමනස්ස නමත්ථු - බ්‍රාහ්මණස්ස වුසීමතෝ
කස්සපස්ස නමත්ථු - විප්පමුත්තස්ස සබ්බධී

කෙලෙස් බැහැර කළ - බඹසර නිම කළ
කෝණාගමන බුදුරජාණන් හට - නමස්කාර වේවා
හැම කෙලෙසුන්ගෙන් - හොඳින් මිදී ගිය
කස්සප බුදුරජාණන් හට - නමස්කාර වේවා

අංගීරසස්ස නමත්ථු - සක්‍යපුත්තස්ස සිරීමතෝ
යෝ ඉමං ධම්මමදේසේසී - සබ්බදුක්ඛාපනූදනං

ලොවේ සියලු දුක් - මැනවින් දුරු වන
මේ සිරි සදහම් පවසා වදහළ-යම් කෙනෙකුන් වෙද
සොඳුරු සිරිය ඇති - ශාක්‍ය පුත්‍ර වූ
අංගීරස වූ අපගේ ගෞතම බුදු සමිඳුන් හට නමස්කාර වේවා

යේ චාපි නිබ්බුතා ලෝකේ - යථාභූතං විපස්සිසුං
තේ ජනා අපිසුණා - මහන්තා වීතසාරදා

ඒ බුදුවරු ලොව - නිවනට වැඩි සේක්මය
හැම දේ ගැන සැබෑ තත්වය - විදසුන් කළ සේක්මය
ඒ නරෝත්තමයන් වහන්සේලා - පිසුණු බස් නොපවසත්මය
මහානුභාව සම්පන්නමය - සසර බිය නැති සේක්මය

හිතං දේවමනුස්සානං - යං නමස්සන්ති ගෝතමං
විජ්ජාචරණසම්පන්නං - මහන්තං වීතසාරදං
විජ්ජාචරණසම්පන්නං - බුද්ධං වන්දාම ගෝතමං

දෙව් මිනිසුන් හට - හිත සුව සලසන
ගෞතම නම් වූ - විජ්ජාචරණ සම්පන්න වූ
මහානුභාව සම්පන්න වූ - හැම බියෙන් නිදහස් වූ
බුදුරජාණන් වහන්සේට - දෙව් මිනිසුන් නමස්කාර කරන්නාහුය
ගෞතම නම් වූ විජ්ජාචරණ සම්පන්න වූ
ඒ බුදුරජාණන් වහන්සේට - අපගේ නමස්කාරය වේවා

සාදු! සාදු!! සාදු!!!

සිරි ගෞතම බෝධි වන්දනාව

පින්වත්නි, අපගේ ශාස්තෲන් වහන්සේ වන ඒ භාග්‍යවත් අරහත් සම්මා සම්බුදුරජාණන් වහන්සේ උතුම් ශ්‍රී සම්බුද්ධත්වය ලබන මොහොතේ නේරංජරා නදී තෙර වජ්‍රාසනය මත වැඩහිඳිනා වේලේ ඒ අපගේ භාග්‍යවත් බුදුරජාණන් වහන්සේට සෙවණ සැලසූ අපගේ බුදුරජාණන් වහන්සේගේ බෝධීන් වහන්සේ වන ඇසතු බෝධීන් වහන්සේ, සිරි ගෞතම බෝධීන් වහන්සේ, ජය ශ්‍රී මහා බෝධීන් වහන්සේ අපි ආදරයෙන් වන්දනා කරමු.

01. සාදු! සාදු! බුදුරුවන වඳින්ටයි
සාදු! සාදු! සදහම් නමඳින්ටයි
සාදු! සාදු! සඟරුවන වඳින්ටයි
සාදු! සාදු! තෙරුවන් නමඳින්ටයි

02. ගෞතම මුනිඳුගෙ සරණ ලැබෙන්ටයි
සම්බුදු බණ පද මට සිහි වෙන්ටයි
ලොව්තුරු සඟ ගුණ සිහි කරගන්ටයි
ගෞතම සසුනේ පිහිට ලබන්ටයි

03. වඳිමි වඳිමි බුදු සමිඳුන් වඳිමි
වඳිමි වඳිමි සිරි සදහම් වඳිමි
වඳිමි වඳිමි සඟරුවන ද වඳිමි
වඳිමි වඳිමි මම තෙරුවන් වඳිමි

ඒ භාග්‍යවත් වූ අරහත් වූ ගෞතම නම් වූ අපගේ සම්මා සම්බුදුරජාණන් වහන්සේ නේරංජරා නදිය අසබඩ වජිරාසනය මත වැඩහිඳ ජය ශ්‍රී මහා බෝ සෙවණේදී අරහත්වය පත් වූ සේක. සම්මා සම්බුදු බවට පත් වූ සේක. විජ්ජාචරණ සම්පන්න බවට පත් වූ සේක. සුගත බවට පත් වූ සේක. ලෝකවිදූ බවට පත් වූ සේක. අනුත්තරෝ පුරිස දම්ම සාරථී බවට පත් වූ සේක. දෙවි මිනිසුන්ගේ ශාස්තෘන් වහන්සේ බවට පත් වූ සේක. බුද්ධ බවට පත් වූ සේක. භගවා බවට පත් වූ සේක. මේ අසිරිමත් ගුණයන් ලබාගත් සේක. තුන් ලොව දිනන මොහොතේදී අපගේ භාග්‍යවතුන් වහන්සේට සෙවණ සළසාලූ ජය ශ්‍රී මහා බෝධීන් වහන්සේට මම නමස්කාර කරමි. මාගේ නමස්කාරය වේවා!

සාදු! සාදු!! සාදු!!!

යස්ස මූලේ නිසින්නෝව - සබ්බාරි විජයං අකා
පත්තෝ සබ්බඤ්ඤුතං සත්ථා - වන්දේ තං බෝධිපාදපං

වාඩි වී යම් රුකක් සෙවණේ - හැම සතුරු මුල් පරදවා
ලැබූ නිසා එහි මුනිඳු බුදු බව - වඳිමු අපි ඒ බෝ රජාණන්

ඉමේ ඒතේ මහා බෝධි - ලෝකනාථේන පූජිතා
අහම්පි තේ නමස්සාමි - බෝධිරාජා නමත්ථුතේ

ලෝකනාථ අප මුනි රජුගෙන් - පිදුම් ලැබූ සිරි මහ බෝධී
මමත් වඳිමි ඔබ සාදරයෙන් - අපගේ සිරි ගෞතම බෝධී

සේවිතං ධම්මරාජේන - පත්තුං සම්බෝධි මුත්තමං
පූජේමි බෝධිරාජානං - දීපාලෝකේන සාදරං

උතුම් බුදුබව ලබන මොහොතේ - දම් රජුන් සෙවුනා ලදින්
පුදමි අපගේ බෝ රජාණන් - දිලෙන මේ ආලෝකයෙන්

සේවිතං ධම්මරාජේන - පත්තුං සම්බෝධි මුත්තමං
පූජේමි බෝධිරාජානං - ගන්ධධූපේන සාදරං

උතුම් බුදුබව ලබන මොහොතේ - දම් රජුන් සෙවුනා ලදින්
පුදමි අපගේ බෝ රජාණන් - සුවඳ පැතිරෙන මේ දුමෙන්

සේවිතං ධම්මරාජේන - පත්තුං සම්බෝධි මුත්තමං
පූජේමි බෝධිරාජානං - මාලාදාමේන සාදරං

උතුම් බුදුබව ලබන මොහොතේ - දම් රජුන් සෙවුනා ලදින්
පුදමි අපගේ බෝ රජාණන් - සුවඳ මල් මාලා වලින්

සේවිතං ධම්මරාජේන - පත්තුං සම්බෝධි මුත්තමං
පූජේමි බෝධිරාජානං - පානීයං උපනාමිතං

උතුම් බුදුබව ලබන මොහොතේ - දම් රජුන් සෙවුනා ලදින්
පුදමි අපගේ බෝ රජාණන් - රැගෙන ආ පිරිසිදු පැනින්

සේවිතං ධම්මරාජේන - පත්තුං සම්බෝධි මුත්තමං
පූජේමි බෝධිරාජානං - ගිලාන පච්චයං ඉමං

උතුම් බුදුබව ලබන මොහොතේ - දම් රජුන් සෙවුනා ලදින්
පුදමි අපගේ බෝ රජාණන් - මේ ගිලන්පස පානයෙන්

සේවිතං ධම්මරාජේන - පත්තුං සම්බෝධි මුත්තමං
පූජේමි බෝධිරාජානං - භේසජ්ජං උපනාමිතං

උතුම් බුදුබව ලබන මොහොතේ - දම් රජුන් සෙවුනා ලදින්
පුදමි අපගේ බෝ රජාණන් - මේ බෙහෙත් ඖෂධ පැනින්

සේවිතං ධම්මරාජේන - පත්තුං සම්බෝධි මුත්තමං
පූජේමි බෝධිරාජානං - සබ්බං සද්ධාය පූජිතං

උතුම් බුදුබව ලබන මොහොතේ - දම් රජුන් සෙවුනා ලදින්
පුදමි අපගේ බෝ රජාණන් - සියලු පූජාවන් වලින්

1. අපගේ ගෞතම මුනිඳු උපන් දා
- පොළොවෙන් මතුවුණ බෝ රජුනේ
ගෞතම මුනිඳුට සෙවණැලි සුව දුන්
- වළාකුලක් වැනි බෝ රජුනේ
ගෞතම මුනිඳුගෙ සම්බුදු බලයෙන්
- ලොව වැඩසිටිනා බෝ රජුනේ
දෝත නගා හිස සාදු කියා අපි
- බැතියෙන් නමඳිමු බෝ රජුනේ

2. නේරංජර ගං තිරයේ අසබඩ
- සුවසේ වැඩහුන් බෝ රජුනේ
කුස තණ ගෙන බෝ රුක වෙත වැඩියා
- අපගේ මුනිඳුන් බෝ රජුනේ
පෙරදිග බලමින් ගෞතම මුනිඳුන්
- වැඩ සිටි විට එහි බෝ රජුනේ
සාදු! සාදු! ඔබ අපගේ මුනිඳුට
- සිසිලස දුන්නා බෝ රජුනේ

3. කාත් කවුරුවත් නැති ඒ මොහොතේ
- මුනි තනියට සිටි බෝ රජුනේ
විදුරසුනේ සිට වීරිය වඩනා
- මුනිඳුන් රැකගත් බෝ රජුනේ
සේනා සහිතව මරු ඇවිදින් එහි
- සටන් කරන විට බෝ රජුනේ
අපගේ මුනිඳුන් පිටුපස වී ඔබ
- නොසැලී සිටියා බෝ රජුනේ

4. තුන් ලොව ජයගෙන මුනිඳු දිනන විට
- සතුටින් සිටි අප බෝ රජුනේ

සම්මා සම්බුදු අපගේ ගෞතම
- මුනිඳුන් පිට දුන් බෝ රජුනේ
බුදු රැස් විහිදෙන අසිරිය දකිමින්
- නිහඬව වැඩහුන් බෝ රජුනේ
දෝත නගා හිස සාදු කියා අපි
- බැතියෙන් නමදිමු බෝ රජුනේ

5. පෙරයම පෙර කඳ පිළිවෙල දකිනා
- පළමු නුවණ ලැබ බෝ රජුනේ
ඉපදෙන මැරෙනා ලෝ සත දකිනා
- දෙවන නුවණ ලැබ බෝ රජුනේ
සියලුම කෙලෙසුන් වැනසී නිකෙලෙස්
- තෙවන නුවණ ලැබ බෝ රජුනේ
අපගේ මුනිඳුන් සම්බුදු වන විට
- ඔබ එය දුටුවා බෝ රජුනේ

6. සම්බුදු බව ලද ගෞතම මුනිඳුට
- පවන් සැලූ අප බෝ රජුනේ
සතියක් නොසැලී වැඩහුන් මුනිඳුට
- රැකවරණය දුන් බෝ රජුනේ
අප මුනිඳුන් හට සෙවණ සදන්නට
- වාසනාව ලද බෝ රජුනේ
දෝත නගා හිස සාදු කියා අපි
- බැතියෙන් නමදිමු බෝ රජුනේ

7. සතියක් අරහත් සුවයෙන් නොසැලී
- මුනිඳුන් සිටි විට බෝ රජුනේ
ගෞතම මුනිඳුට රැකවරණය දී
- සිසිලස සැලසූ බෝ රජුනේ

දෙවිවරු අහසින් මල් පුදනා විට
- පිදුම් ලැබූ අප බෝ රජුනේ
දෝත නගා හිස සාදු කියා අපි
- බැතියෙන් නමඳිමු බෝ රජුනේ

8. අපගේ ගෞතම මුනිඳුන් සතියක්
- සක්මන් කළ විට බෝ රජුනේ
සිලි සිලි ගා බෝ පත් සෙළවී ගොස්
- පවන් සැලූ අප බෝ රජුනේ
ගෞතම මුනිඳුගෙ සක්මන් මළුවට
- සිහිල් සෙවණ දුන් බෝ රජුනේ
දෝත නගා හිස සාදු කියා අපි
- බැතියෙන් නමඳිමු බෝ රජුනේ

9. ඊසාන දෙසින් අප මුනිඳුන් වැඩහිඳ
- ඔබ දෙස බැලුවා බෝ රජුනේ
සතියක් සම්බුදු දෙනෙත් නොසෙල්වී
- ඔබ පුද ලැබුවා බෝ රජුනේ
ගෞතම මුනිඳුගෙ බෝධිය ලෙස ඔබ
- නිති පුද ලබනා බෝ රජුනේ
දෝත නගා හිස සාදු කියා අපි
- බැතියෙන් නමඳිමු බෝ රජුනේ

10. අහසේ රැස් වූ දේව බඹුන් කැල
- සැක කළ විට එය බෝ රජුනේ
අපගේ මුනිරජු අහසට වඩිමින්
- පෙළහර පෑවා බෝ රජුනේ
එකවිට ගිනිදැල් හා දිය දහරා
- විහිදුවනා විට බෝ රජුනේ

ගෞතම මුනිඳුගෙ පෙළහර දකුමට
- වාසනාව ලද බෝ රජුනේ

11. මිහිකත සෙලවී කම්පා වන විට
- නොසැලී සිටි අප බෝ රජුනේ
දඹදිව් තලයෙන් සිරිලංකාවෙන්
- පිදුම් ලැබූ අප බෝ රජුනේ
අනුරපුරේ උඩමළුවේ වැඩහිඳ
- මව්බිම සුරකින බෝ රජුනේ
දෝත නගා හිස සාදු කියා අපි
- බැතියෙන් නමදිමු බෝ රජුනේ

12. දේව නාග නර බ්‍රහ්මරාජ කැල
- නිති පුද දෙන අප බෝ රජුනේ
සක් දෙවිඳුන්ගේ සංඛනාදයෙන්
- පිදුම් ලබන අප බෝ රජුනේ
සතර වරම් දෙව් රජදරුවන්ගෙන්
- රැකවරණය ලද බෝ රජුනේ
දෝත නගා හිස සාදු කියා අපි
- බැතියෙන් නමදිමු බෝ රජුනේ

14. සුවඳ මලින් හැම පුදදෙන බෝධිය
සුවඳ පැනින් පැන් වඩනා බෝධිය
සුවඳ දුමින් පුද ලබනා බෝධිය
අපිත් වඳිමු සිරි ගෞතම බෝධිය

15. රන් වැටකින් පුද ලබනා බෝධිය
රන් වැට අතරින් දිලෙනා බෝධිය

	රන් වන් පාටින් දළු ලන	බෝධිය
	අපිත් වඳිමු සිරි ගෞතම	බෝධිය
16.	සිහිලැල් පැන් පුද ලබනා	බෝධිය
	මිහිරි ගිලන්පස පුදනා	බෝධිය
	බෙහෙත් ගිලන්පස පුදනා	බෝධිය
	අපිත් වඳිමු සිරි ගෞතම	බෝධිය
17.	රන් මාලාවෙන් පුදනා	බෝධිය
	කොඩි පළඳා සරසවනා	බෝධිය
	දෙවි මිනිසුන් නිති වඳිනා	බෝධිය
	අපිත් වඳිමු සිරි ගෞතම	බෝධිය
18.	සිරිලක් බිම වැඩහිඳිනා	බෝධිය
	සිරිලක් බිම සෙත සදනා	බෝධිය
	ලක්මවගේ මිණි කිරුළයි	බෝධිය
	අපිත් වඳිමු සිරි ගෞතම	බෝධිය

සාදු! සාදු!! සාදු!!!

පිරිත් දේශනා

නමෝ තස්ස භගවතෝ අරහතෝ සම්මාසම්බුද්ධස්ස
ඒ භාග්‍යවත් අරහත් සම්මා සම්බුදුරජාණන් වහන්සේට නමස්කාර වේවා!

මහාමංගල සූත්‍රය

ඒවං මේ සුතං. ඒකං සමයං භගවා සාවත්ථියං විහරති ජේතවනේ අනාථපිණ්ඩිකස්ස ආරාමේ. අථ ඛෝ අඤ්ඤතරා දේවතා අභික්කන්තාය රත්තියා අභික්කන්තවණ්ණා කේවලකප්පං ජේතවනං ඕභාසෙත්වා යේන භගවා තේනුපසංකමි. උපසංකමිත්වා භගවන්තං අභිවාදෙත්වා ඒකමන්තං අට්ඨාසි. ඒකමන්තං ඨිතා ඛෝ සා දේවතා භගවන්තං ගාථාය අජ්ඣභාසි.

මා විසින් මෙසේ අසන ලදී. එක් සමයෙක භාග්‍යවත් බුදුරජාණන් වහන්සේ සැවැත් නුවර ජේතවන නම් වූ අනේපිඬු සිටුතුමාගේ ආරාමයෙහි වැඩවසන සේක. එකල්හී එක්තරා දෙවියෙක් මධ්‍යම රාත්‍රියෙහි මනස්කාන්ත පැහැයකින් යුතුව මුළු දෙව්රම බබුළුවා ගෙන භාග්‍යවතුන් වහන්සේ ළඟට පැමිණියේය. එසේ පැමිණ භාග්‍යවතුන් වහන්සේට ආදරයෙන් වන්දනා කොට එකත්පස්ව සිට ගත්තේය. එකත්පස්ව සිටි ඒ දෙවියා භාග්‍යවතුන් වහන්සේට ගාථාවකින් මෙසේ පැවසුවේය.

1. **බහූදේවා මනුස්සා ච - මංගලානි අචින්තයුං**
   ආකංඛමානා සොත්ථානං - බ්‍රෑහි මංගලමුත්තමං

   බොහෝ දෙව් මිනිස්සුද
   - සිතුවෝය මංගල කරුණු ගැන

යහපත කැමති ඔවුනට
- උතුම් මංගල කරුණු ගැන
පහදා දෙන්න මුනිඳුනි

2. **අසේවනා ච බාලානං - පණ්ඩිතානඤ්ච සේවනා**
පූජා ච පූජනීයානං - ඒතං මංගලමුත්තමං

නරක අය නොම ඇසුරද
- කළණමිතුරන් සමග නිති ඇසුරද
පිදිය යුත්තන් පිදුමද
- මේවා උතුම් මගුල් කරුණුය

3. **පතිරූපදේසවාසෝ ච - පුබ්බේ ච කතපුඤ්ඤතා**
අත්තසම්මාපණිධි ච - ඒතං මංගලමුත්තමං

යහපත් තැනක විසුමද - පෙර කළ පින් තිබීමද
තමා යහමඟ යාමද - මේවා උතුම් මගුල් කරුණුය

4. **බාහුසච්චඤ්ච සිප්පඤ්ච - විනයෝ ච සුසික්ඛිතෝ**
සුභාසිතා ච යා වාචා - ඒතං මංගලමුත්තමං

බොහෝ දැන උගත් බව
- නොයෙකුත් ශිල්ප දත් බව
විනයකින් යුතු බව - මනා කොට හික්මුන බව
සුභාසිත වූ යම් බසක් වෙද
- මේවා උතුම් මගුල් කරුණුය

5. **මාතාපිතු උපට්ඨානං - පුත්තදාරස්ස සංගහෝ**
අනාකුලා ච කම්මන්තා - ඒතං මංගලමුත්තමං

මව්පිය උපස්ථානය - අඹුදරුවන්ට සැළකුම
මැනැවින් වැඩ කෙරුම
- මේවා උතුම් මගුල් කරුණුය

6. **දානඤ්ච ධම්මචරියා ච - ඤාතකානඤ්ච සංගහෝ**
අනවජ්ජානි කම්මානි - ඒතං මංගලමුත්තමං

දන් පැන් පිදීමද - දහම තුළ හැසිරීමද
නෑයන්ට සැළකීමද - නිවැරදි දේ කිරීමද
මේවා උතුම් මගුල් කරුණුය

7. **ආරති විරති පාපා - මජ්ජපානා ච සඤ්ඤමෝ**
අප්පමාදෝ ච ධම්මේසු - ඒතං මංගලමුත්තමං

පවෙහි නොඇලීමද - හැම පවින් වැළකීමද
මත් පැනින් දුරුවීමද - දහම තුළ නොපමාවද
මේවා උතුම් මගුල් කරුණුය

8. **ගාරවෝ ච නිවාතෝ ච - සන්තුට්ඨී ච කතඤ්ඤුතා**
කාලේන ධම්මසවණං - ඒතං මංගලමුත්තමං

උතුමන්ට ගරු කිරීමද - නිහතමානී වීමද
ලද දෙයින් තුටු වීමද - කෙළෙහි ගුණ සැලකීමද
නිසි කලට බණ ඇසීමද
- මේවා උතුම් මගුල් කරුණුය

9. **ඛන්තී ච සෝවචස්සතා - සමණානඤ්ච දස්සනං**
කාලේන ධම්මසාකච්ඡා - ඒතං මංගලමුත්තමං

ඉවසන ගුණෙන් යුතු බව - යහපතට අවනත බව
ශ්‍රමණවරු බැහැ දැකුමද - නිසි කල දම් සහාවද
මේවා උතුම් මගුල් කරුණුය

10. **තපෝ ච බ්‍රහ්මචරියඤ්ච - අරියසච්චානදස්සනං**
නිබ්බාණසච්ඡිකිරියා ච - ඒතං මංගලමුත්තමං

තපසෙහි විසීමද - බඹසරෙහි හැසිරීමද

ආර්ය සත්‍යයන් දැකීමද - නිවන අවබෝධ වීමද
මේවා උතුම් මගුල් කරුණුය

11. **ඵුට්ඨස්ස ලෝකධම්මේහි - චිත්තං යස්ස න කම්පති**
අසෝකං විරජං ඛේමං - ඒතං මංගල මුත්තමං

අටලෝ දහම එන විට
- නොසැලේද යමෙකුගෙ සිත
සෝක නැති කෙලෙසුන් නැති
- බියක් නැති තැන සිටි විට
මේවා උතුම් මගුල් කරුණුය

12. **ඒතාදිසානි කත්වාන - සබ්බත්ථමපරාජිතා**
සබ්බත්ථ සොත්ථිං ගච්ඡන්ති තං
- තේසං මංගලමුත්තමන්ති

මේ අයුරින් කටයුතු කොට
- අපරාජිත වී හැම තැන
යහපතටම යති හැම තැන - එය ඔවුන් හට
උත්තම මගුල් කරුණුය

ඒතේන සච්චේන සුවත්ථි හෝතු
මේ සත්‍යානුභාවයෙන් සැමට සෙත් වේවා!

රතන සූත්‍රය

01. යානීධ භූතානි සමාගතානි
භුම්මානි වා යානිව අන්තලික්ඛේ
සබ්බේව භූතා සුමනා භවන්තු
අථෝපි සක්කච්ච සුණන්තු භාසිතං

භූත පිරිස් කිසිවෙකු මෙහි සිටිත්ද රැස් වුන
අහසේ හෝ පොළොවේ හෝ ඒ හැම එක් වුන
සියලු භූතයෝ සැප ඇති සිත් ඇති වෙත්වා !
එමෙන්ම මා පවසන දෙය හොඳින් අසත්වා !

02. **තස්මා හි භූතා නිසාමේථ සබ්බේ**
මෙත්තං කරෝථ මානුසියා පජාය
දිවා ච රත්තෝ ච හරන්ති යේ බලිං
තස්මා හි නේ රක්ඛථ අප්පමත්තා

සියලු භූතයිනි එනිසා - අසව් යොමා සිත
මෙත් සිත පතුරව් නිතරම - හැම මිනිසුන් වෙත
ඒ කිසිවෙක් තොප හට පින් - දිව රෑ පුද දෙත
පමා නොවී තෙපි ඒ හැම - නිති සුරැකිය යුත

03. **යං කිඤ්චි විත්තං ඉධ වා හුරං වා**
සග්ගේසු වා යං රතනං පණීතං
න නෝ සමං අත්ථි තථාගතේන
ඉදම්පි බුද්ධේ රතනං පණීතං
ඒතේන සච්චේන සුවත්ථි හෝතු

මෙහි හෝ පරලොව හෝ ඇති - යම් වස්තුවකට
දෙව්ලොව හෝ තිබෙනා යම් - උතුම්ම මැණිකට
නොහැකිය ගන්නට කිසි විට - බුදු රජ සම කොට
මෙය බුදු සමිඳුගෙ පවතින - උතුම්ම මැණිකකි
සැබෑ බසින් මෙම - සෙත සැලසේවා!

04. **ඛයං විරාගං අමතං පණීතං**
යදජ්ඣගා සක්‍යමුනී සමාහිතෝ
න තේන ධම්මේන සමත්ථි කිඤ්චි
ඉදම්පි ධම්මේ රතනං පණීතං
ඒතේන සච්චේන සුවත්ථි හෝතු

කෙලෙස් නසන වීතරාගී - අමා නිවන යුතු
යම් දහමක් ලැබුයේ නම් - මුනිඳු සමාහිත
ඒ දහමට සම කළ හැකි - කිසිවක් ලොව නැත
මෙය සදහම් තුළ පවතින - උතුම්ම මැණිකකි
සැබෑ බසින් මෙම - සෙත සැලසේවා!

05. **යං බුද්ධසෙට්ඨො පරිවණ්ණයී සුචිං**
සමාධිමානන්තරිකඤ්ඤමාහු
සමාධිනා තේන සමෝ න විජ්ජති
ඉදම්පි ධම්මේ රතනං පණීතං
ඒතේන සච්චේන සුවත්ථි හෝතු

බුදු සමිඳුන් අගය කළේ - "හොඳ" යයි යමකට
සමාධියයි එය, අතරක - නොරැඳෙන කිසිවිට
ගත නොහැකිය කිසිවක් ඒ - සමවත සම කොට
මෙය සදහම් තුළ පවතින - උතුම්ම මැණිකකි
සැබෑ බසින් මෙම - සෙත සැලසේවා!

06. **යේ පුග්ගලා අට්ඨ සතං පසත්ථා**
චත්තාරි ඒතානි යුගානි හොන්ති
තේ දක්ඛිණෙය්‍යා සුගතස්ස සාවකා
ඒතේසු දින්නානි මහප්ඵලානි
ඉදම්පි සංඝේ රතනං පණීතං
ඒතේන සච්චේන සුවත්ථි හෝතු

පුද්ගලයෝ අට දෙනෙක්ය - හොඳ අය පසසන
හතර දෙනෙකි මේ උතුමන් - යුගළ විලස ගෙන
මේ අය බුදු සව්වෝ වෙති - දනට සුදුසු වන
මහත් ඵලය ලැබදෙයි - මෙතුමන්ට පුදන දන
මෙය බුදු පිරිසෙහි පවතින - උතුම්ම මැණිකකි
සැබෑ බසින් මෙම - සෙත සැලසේවා!

07. **යේ සුප්පයුත්තා මනසා දළ්හේන**
නික්කාමිනෝ ගෝතමසාසනම්හි
තේ පත්තිපත්තා අමතං විගය්හ
ලද්ධා මුධා නිබ්බුතිං භුඤ්ජමානා
ඉදම්පි සංඝේ රතනං පණීතං
ඒතේන සච්චේන සුවත්ථි හෝතු

යමෙක් පිළිවෙතින් යුතු වෙද - මනසින් දැඩි කොට
නික්මෙන හැම කෙලෙසුන්ගෙන් - බුදු සසුනෙහි සිට
ඒ උතුමන් පැමිණිය පසු - සුන්දර නිවනට
වළඳති සුවසේ නිවනම - සිතු සිතු විලසට
මෙය බුදු පිරිසෙහි පවතින - උතුම්ම මැණිකකි
සැබෑ බසින් මෙම - සෙත සැලසේවා!

08. **යථින්දඛීලෝ පඨවිංසිතෝසියා**
චතුබ්භි වාතේභි අසම්පකම්පියෝ
තථූපමං සප්පුරිසං වදාමි
යෝ අරියසච්චානි අවෙච්ච පස්සති
ඉදම්පි සංඝේ රතනං පණීතං
ඒතේන සච්චේන සුවත්ථි හෝතු

සිට වූ ගල්ටැඹක් විලස - පොළොවේ දැඩි ලෙස
සතර දිගින් එන සුළඟින් - නොසැලේ කිසි ලෙස
යමෙක් "ආර්ය සත්‍ය " දකිත් නම් - මෙහි ඇති ලෙස
ඒ සත්පුරුෂයට කියමි මෙය - උපමා ලෙස
මෙය බුදු පිරිසෙහි පවතින - උතුම්ම මැණිකකි
සැබෑ බසින් මෙම - සෙත සැලසේවා!

09 **යේ අරිය සච්චානි විභාවයන්ති**
ගම්භීරපඤ්ඤේන සුදේසිතානි
කිඤ්චා'පි තේ හොන්ති භුසප්පමත්තා

න තේ භවං අට්ඨමං ආදියන්ති
ඉදම්පි සංඝේ රතනං පණීතං
ඒතේන සච්චේන සුවත්ථි හෝතු

ගැඹුරු නුවණ ඇති බුදු සමිඳුන් - පවසන ලද
"ආර්ය සත්‍යයන්" මැනැවින් දුටු - යමෙකුන් වෙද
භවයේ රැඳෙමින් කොතරම් - පමාව සිටියද
ඔවුන් නොඑත්මය අටවැනි - භවයට කිසි ලෙද
මෙය බුදු පිරිසෙහි පවතින - උතුම්ම මැණිකකි
සැබෑ බසින් මෙම - සෙත සැලසේවා!

10. **සහාවස්ස දස්සනසම්පදාය**
තයස්සු ධම්මා ජහිතා භවන්ති
සක්කායදිට්ඨී විචිකිච්ඡිතඤ්ච
සීලබ්බතංවා'පි යදත්ථි කිඤ්චි
චතූහපායේහි ච විප්පමුත්තෝ
ඡචාභි ඨානානි අභබ්බෝකාතුං
ඉදම්පි සංඝේ රතනං පණීතං
ඒතේන සච්චේන සුවත්ථි හෝතු

ඔහු තුළ ඇති වන විටදිම - මඟ පල නුවණත්
සංයෝජන තුනක්ම දුරු වෙයි - තම සිතිනුත්
සක්කාය දිට්ඨියත් සමඟ - දහමේ සැකයෙනුත්
සීල ව්‍රතයට බැඳී තිබෙන - මේ කරුණේනුත්
සතර අපායෙන් හෙතෙමේ - මිදෙයි මනා කොට
නොකරයි සය තැනක කර්ම - වැටෙන අපායට
මෙය බුදු පිරිසෙහි පවතින - උතුම්ම මැණිකකි
සැබෑ බසින් මෙම - සෙත සැලසේවා!

11. **කිඤ්චා'පි සෝ කම්මං කරෝති පාපකං**
කායේන වාචා උද චේතසා වා

අභබ්බෝ සෝ තස්ස පටිච්ඡාදාය
අභබ්බතා දිට්ඨපදස්ස වුත්තා
ඉදම්පි සංඝෙ රතනං පණීතං
ඒතේන සච්චේන සුවත්ථි හෝතු

කිසියම් පව් කමක් ඔහුගෙ අතින් කෙරුන විට
කයින් වචනයෙන් හෝ චේතනාව මුල් කොට
එය සඟවා ගෙන සිටින්ට නොහැකිය ඔහු හට
දහමකි මෙය සදහම් දැකගත්තු කෙනා හට
මෙය බුදු පිරිසෙහි පවතින - උතුම්ම මැණිකකි
සැබෑ බසින් මෙම - සෙත සැලසේවා!

12. වනප්පගුම්බේ යථාඵුස්සිතග්ගේ
ගිම්හානමාසේ පඨමස්මිංගිම්හේ
තථූපමං ධම්මවරං අදේසයී
නිබ්බාණගාමිං පරමං හිතාය
ඉදම්පි බුද්ධේ රතනං පණීතං
ඒතේන සච්චේන සුවත්ථි හෝතු

ගිම්හානේ පළමුව එන - වසන්ත කාලෙට
මල් පල බර වෙයි වනගොමුවල - සිරියාවට
දෙසූ සේක උත්තම සිරි සදහම් - එලෙසට
පරම සුවය සදමින් එය - ගෙන යයි නිවනට
මෙය බුදු සමිඳුගේ පවතින - උතුම්ම මැණිකකි
සැබෑ බසින් මෙම - සෙත සැලසේවා!

13. වරෝ වරඤ්ඤූ වරදෝ වරාහරෝ
අනුත්තරෝ ධම්මවරං අදේසයී
ඉදම්පි බුද්ධේ රතනං පණීතං
ඒතේන සච්චේන සුවත්ථි හෝතු

උතුම් මුනිඳු උතුම් දහම් දැන - එය බෙදමින
දෙසූ සේක උතුම් අනුත්තර - සදහම් බණ
මෙය බුදු සමිඳුගෙ පවතින - උතුම්ම මැණිකකි
සැබෑ බසින් මෙම - සෙත සැලසේවා!

14. **ඛීණං පුරාණං නවං නත්ථි සම්භවං**
විරත්තචිත්තා ආයතිකේ භවස්මිං
තේ ඛීණබීජා අවිරූළ්හිච්ඡන්දා
නිබ්බන්ති ධීරා යථායංපදීපෝ
ඉදම්පි සංඝේ රතනං පණීතං
ඒතේන සච්චේන සුවත්ථි හෝතු

වැනසුනි හැම පැරණි කර්ම - යළි නොම රැස් වෙන
නො ඇලෙයි සිත අනාගතේ - කිසි භවයක් ගැන
වැනසී ගිය බිජුවට කිසිදා - නොම පැළ වෙන
නිවෙති රහත් සඟ නිවෙනා - මෙ පහන විලසින
මෙය බුදු පිරිසෙහි පවතින - උතුම්ම මැණිකකි
සැබෑ බසින් මෙම - සෙත සැලසේවා!

15. **යානීධ භූතානි සමාගතානි**
භුම්මානි වා යානිව අන්තලික්ඛේ
තථාගතං දේවමනුස්ස පූජිතං
බුද්ධං නමස්සාම සුවත්ථි හෝතු

භූත පිරිස් කිසිවෙකු මෙහි සිටිත්ද රැස් වුන
අහසේ හෝ පොළොවේ හෝ ඒ හැම එක් වුන
දෙව් මිනිසුන් හැම පුද දෙන "බුදු සමිඳුන්" වන
නමදිමු අපි ඒ බුදු රජ - සෙත සැලසේවා!

16. **යානීධ භූතානි සමාගතානි**
භුම්මානි වා යානිව අන්තලික්ඛේ

තථාගතං දේවමනුස්ස පූජිතං
ධම්මං නමස්සාම සුවත්ථි හෝතු

භූත පිරිස් කිසිවෙකු මෙහි සිටිත්ද රැස් වුන
අහසේ හෝ පොළොවේ හෝ ඒ හැම රැස් වුන
දෙව් මිනිසුන් හැම පුද දෙන "බුදු සමිඳුන්" වන
නමදිමු අපි සිරි සදහම් - සෙත සැළසේවා!

17. **යානීධ භූතානි සමාගතානි**
භුම්මානි වා යානිව අන්තලික්ඛේ
තථාගතං දේවමනුස්ස පූජිතං
සංඝං නමස්සාම සුවත්ථි හෝතු

භූත පිරිස් කිසිවෙකු මෙහි සිටිත්ද රැස් වුන
අහසේ හෝ පොළොවේ හෝ ඒ හැම රැස් වුන
දෙව් මිනිසුන් හැම පුද දෙන "බුදු සමිඳුන්" වන
නමදිමු අපි බුදු පිරිසද - සෙත සැළසේවා!

ඒතේන සච්චේන සුවත්ථි හෝතු
මේ සත්‍යානුභාවයෙන් සැමට සෙත් වේවා!

කරණීයමෙත්ත සූත්‍රය

01. **කරණීයමත්ථකුසලේන**
යං තං සන්තං පදං අභිසමෙච්ච
සක්කෝ උජූ ච සූජූ ච
සුවචෝ චස්ස මුදු අනතිමානී

නිවනට යන මඟ සිටින පතා ගෙන
ඇද නැති බව සිත තුළ රඳවා ගෙන
සුවච සුමුදු ගුණ ඇති කරවා ගෙන
කළ යුතුමය අතිමාන නසා ගෙන

02. සන්තුස්සකෝ ච සුභරෝ ච
අප්පකිච්චෝ ච සල්ලහුකවුත්ති
සන්තින්ද්‍රියෝ ච නිපකෝ ච
අප්පගබ්භෝ කුලේසු අනනුගිද්ධෝ

සතුටුව ලද දෙයකින් සුව සේ හිඳ
අඩු කොට වැඩ නිති සැහැල්ලුවෙන් ඉඳ
දමනය කළ ඉඳුරන්ද නුවණ මැද
හිත මිතුරුව කුලයේ නොඇලෙන සඳ

03. න ච ඛුද්දං සමාචරේ කිඤ්චි
යේන විඤ්ඤූ පරේ උපවදෙය්‍යුං
සුඛිනෝ වා ඛේමිනෝ හොන්තු
සබ්බේ සත්තා භවන්තු සුඛිතත්තා

නුවණැතියන් ගෙන් දොස් නොලබන්නේ
සුළු වරදක් හෝ නොම කරමින්නේ
බිය නැති සැප ඇති දිවි පතමින්නේ
සියලු සතුන් හට මෙත් පතුරන්නේ

04. යේ කේචි පාණභූතත්ථි
තසා වා ථාවරා වා අනවසේසා
දීඝා වා යේ මහන්තා වා
මජ්ඣිමා රස්සකාණුකථූලා

බියපත් තැති ගත් සතුන්ද වේවා
බිය සැක දුරු කළ රහතුන් වේවා
ලොකු පොඩි දිග මහ සතුන්ද වේවා
සැමට සැපත ඇති සිත් ඇති වේවා

05. දිට්ඨා වා යේව අද්දිට්ඨා
යේ ච දූරේ වසන්ති අවිදූරේ

භූතා වා සම්භවේසීවා
සබ්බේ සත්තා භවන්තු සුඛිතත්තා

පෙනෙන නොපෙනෙනා සතුන්ද වේවා
දුර ළඟ වසනා සතුන්ද වේවා
ඉපදුන-ඉපදෙන සතුන්ද වේවා
සැමට සැපත ඇති සිත් ඇති වේවා

06. න පරෝ පරං නිකුබ්බේථ
නාතිමඤ්ඤේථ කත්ථචි නං කඤ්චි
බ්‍යාරෝසනා පටිඝසඤ්ඤා
නාඤ්ඤමඤ්ඤස්ස දුක්ඛමිච්ඡෙය්‍ය

කිසිවෙක් කිසිවෙකු නොම රවටාවා
කිසි තැනකදි ඉහළින් නොසිතාවා
නපුරු දරුණු බස් නොම පවසාවා
අනෙකෙකුගේ දුක කැමති නොවේවා

07. මාතා යථා නියං පුත්තං
ආයුසා ඒකපුත්තමනුරක්ඛේ
ඒවම්පි සබ්බභූතේසු
මානසං භාවයේ අපරිමාණං

තම දිවි සම කොට පුතු සුරකින්නේ
එකම පුතෙකු ඇති මව් විලසින්නේ
මෙලෙසට ලොව සැම සතුන් දකින්නේ
අපමණ මෙත් සිතමය පතුරන්නේ

08. මෙත්තං ච සබ්බ ලෝකස්මිං
මානසං භාවයේ අපරිමාණං
උද්ධං අධෝ ච තිරියඤ්ච
අසම්බාධං අවේරං අසපත්තං

සියළු ලොවට එක ලෙස සලකන්නේ
උඩ-යට-සරසට හැම විලසින්නේ
වෛර සතුරු බාධා නැති වන්නේ
අපමණ මෙත් සිතමය පතුරන්නේ

09. තිට්ඨං චරං නිසින්නෝ වා
සයානෝ වා යාවතස්ස විගතමිද්ධෝ
ඒතං සතිං අධිට්ඨෙය්‍ය
බ්‍රහ්මමේතං විහාරං ඉධමාහු

සිටගෙන ඇවිදින හෝ හිඳිනා විට
නිදන වෙලාවට හෝ නොනිදන විට
සිහි කළ යුතු මෙත් සිතමය හැම විට
බඹවිහරණ ලෙස පවසයි එම විට

10. දිට්ඨිං ච අනුපගම්ම සීලවා
දස්සනේන සම්පන්නෝ
කාමේසු විනෙය්‍ය ගේධං
නහි ජාතු ගබ්බසෙය්‍යං පුනරේතී ති

මිසදිටුවක සිත නොම පැටලෙමිනේ
සිල් ගුණ දම් රැක යන මඟ නිවනේ
කම් සැපයට කිසි විට නොඇලෙමිනේ
මව් කුස නිදනට යළි නොම පැමිණේ

ඒතේන සච්චේන සුවත්ථී හෝතු
මේ සත්‍යානුභාවයෙන් සැමට සෙත් වේවා!

සාදු! සාදු!! සාදු!!!

පුණ්‍යානුමෝදනා

සක්කෝ දේවානමින්දෝ - ඉමං පුඤ්ඤානුමෝදතු !
සහම්පති බ්‍රහ්මරාජා - ඉමං පුඤ්ඤානුමෝදතු !
විස්සකම්මෝ දේවපුත්තෝ - ඉමං පුඤ්ඤානුමෝදතු !
පුඤ්ඤං තං අනුමෝදිත්වා - චිරං රක්ඛන්තු බුද්ධ සාසනං.

පුරිමං දිසං ධතරට්ඨෝ - දක්ඛිණේන විරූළ්හකෝ
පච්ඡිමේන විරූපක්ඛෝ - කුවේරෝ උත්තරං දිසං
චත්තාරෝ තේ මහාරාජා - ඉමං පුඤ්ඤානුමෝදන්තු !
පුඤ්ඤං තං අනුමෝදිත්වා - චිරං රක්ඛන්තු බුද්ධ සාසනං.

ඉන්දෝ සෝමෝ වරුණෝ ච - භාරද්වාජෝ පජාපතී,
චන්දනෝ කාමසෙට්ඨෝ ච - කින්නිඝණ්ඩු නිඝණ්ඩු ච.
පනාදෝ ඕපමඤ්ඤෝ ච - දේවසූතෝ ච මාතලී,
චිත්තසේනෝ ච ගන්ධබ්බෝ
- නළෝ රාජා ජනේසභෝ.
සාතාගිරෝ හේමවතෝ - පුණ්ණකෝ කරතියෝ ගුළෝ,
සීවකෝ මුචලින්දෝ ච - වෙස්සාමිත්තෝ යුගන්ධරෝ.
ගෝපාලෝ සුප්පගේධෝ ච - හිරිනෙත්තී ච මන්දියෝ,
පඤ්චාලචණ්ඩෝ ආළවකෝ පජ්ජුන්නෝ
- සුමනෝ සුමුඛෝ දධිමුඛෝ,
මණි මාණි චරෝ දීඝෝ - අථෝ සේරිස්සකෝ සහ.
ඒතේ සේනාපතී දේවා - ඉමං පුඤ්ඤානුමෝදන්තු !
පුඤ්ඤං තං අනුමෝදිත්වා - චිරං රක්ඛන්තු බුද්ධ සාසනං.

ආකාසට්ඨා ච භුම්මට්ඨා - දේවා නාගා මහිද්ධිකා
පුඤ්ඤං තං අනුමෝදිත්වා - චිරං රක්ඛන්තු බුද්ධ සාසනං

ආකාසට්ඨා ච භුම්මට්ඨා - දේවා නාගා මහිද්ධිකා
පුඤ්ඤං තං අනුමෝදිත්වා - චිරං රක්ඛන්තු බුද්ධ දේසනං

ආකාසට්ඨා ච භුම්මට්ඨා - දේවා නාගා මහිද්ධිකා
පුඤ්ඤං තං අනුමෝදිත්වා - චිරං රක්ඛන්තු මං පරං

ඉදං මේ ඤාතීනං හෝතු - සුඛිතා හොන්තු ඤාතයෝ
ඉදං මේ ඤාතීනං හෝතු - සුඛිතා හොන්තු ඤාතයෝ
ඉදං මේ ඤාතීනං හෝතු - සුඛිතා හොන්තු ඤාතයෝ

ඉමිනා පුඤ්ඤකම්මේන - මා මේ බාලසමාගමෝ
සතං සමාගමෝ හෝතු - යාව නිබ්බාණ පත්තියා
ඉදං මේ පුඤ්ඤං ආසවක්ඛයා වහං හෝතු.
සබ්බදුක්ඛා පමුඤ්චතු.

සාදු! සාදු!! සාදු!!!

හැම දෙවියන් මේ පින්	අරගන්නේ
දෙව් සිරියෙන් සතුටින්	බබලන්නේ
අප හැම දෙන නිතියෙන්	රකිමින්නේ
සියලු දෙනට යහපත	සළසන්නේ

දුක් බිය දුරු වී සැපත	සැදේවා !
සෙත් මග නිති යහපත	සැලසේවා !
රැස් වූ පින පසුපස	පැමිණේවා !
සිත් සනසන බුදු බණ	වැටහේවා !

සිල් ගුණයට සිත අවනත වේවා !
කල් නොයවා බුදු පිරිස රැකේවා !
මුල් බැසගෙන සම්බුදු ගුණ ගාවා !
ගෞතම සසුනේ පිහිට ලැබේවා !

සාදු! සාදු! සාදු!

● තෙරුවන් ඛමා කරගැනීම :-

කායේන වාචා චිත්තේන පමාදේන මයා කතං
අච්චයං ඛම මේ භන්තේ භූරිපඤ්ඤ තථාගත.

කායේන වාචා චිත්තේන පමාදේන මයා කතං
අච්චයං ඛම මේ ධම්ම සන්දිට්ඨික අකාලික.

කායේන වාචා චිත්තේන පමාදේන මයා කතං
අච්චයං ඛම මේ සංඝ සුපටිපන්න අනුත්තර.

සාදු! සාදු!! සාදු!!!

www.ingramcontent.com/pod-product-compliance
Lightning Source LLC
Chambersburg PA
CBHW060555030426
42337CB00019B/3553
9789550614936